Impressum
Verlag: BABADADA GmbH, Nedderfeld 112 , 22529 Hamburg
Geschäftsführer / Verlagsleitung: Harald Hof
Druck: Books on Demand GmbH, In de Tarpen 42, 22848 Norderstedt

Imprint
Publisher: BABADADA GmbH, Nedderfeld 112 , 22529 Hamburg, Germany
Managing Director / Publishing direction: Harald Hof
Print: Books on Demand GmbH, In de Tarpen 42, 22848 Norderstedt

chikoro

學校

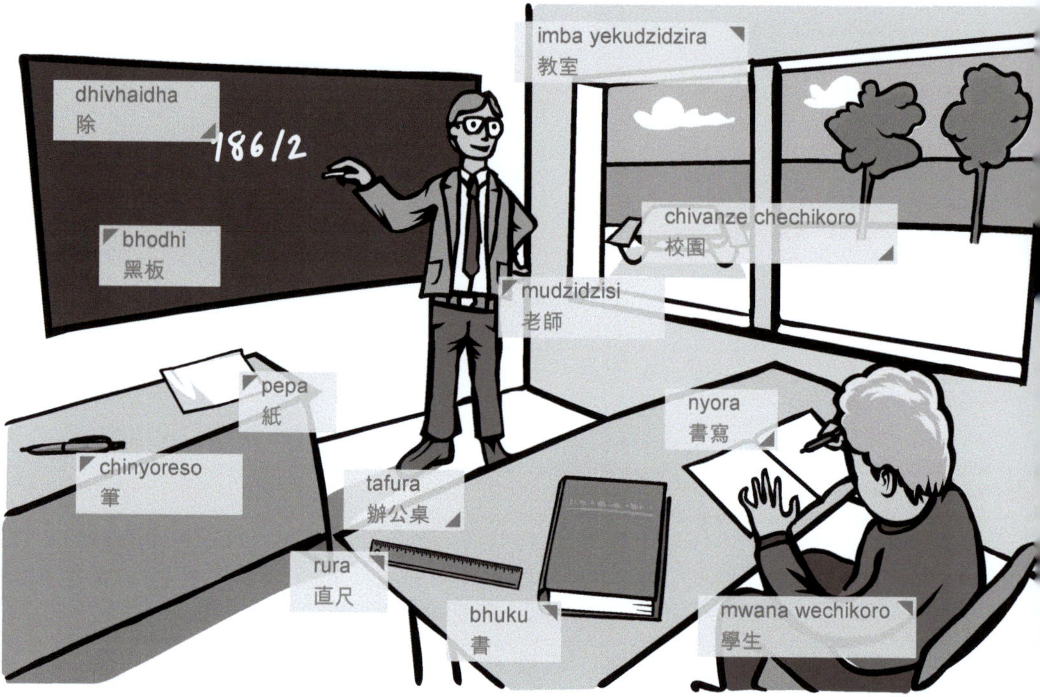
imba yekudzidzira
教室
dhivhaidha
除
186/2
bhodhi
黑板
chivanze chechikoro
校園
mudzidzisi
老師
pepa
紙
nyora
書寫
chinyoreso
筆
tafura
辦公桌
rura
直尺
bhuku
書
mwana wechikoro
學生

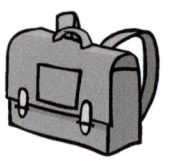

bhegi
書包

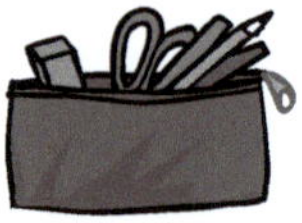

chekuchengetera mapenzura
鉛筆盒

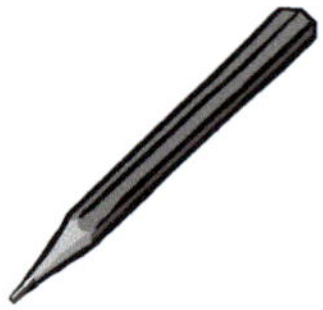

penzura
鉛筆

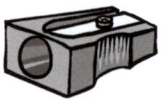

chekurodzesa mapenzura
削鉛筆機

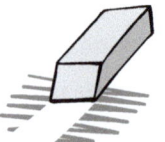

rabha
橡皮擦

bhuku rekudhirowera mifananidzo
畫板

mufananidzo
wakadhirowewa
圖畫

bhurasho rekupendesa
畫筆

bhokisi rependi
顏料盒

chigero
剪刀

guruu
膠水

bhuku rekunyorera
練習冊

basa rinoitirwa kumba
家庭作業

nhamba
數字

sanganisa
加

bvisa
減

wanziridza
乘

kakureta
計算

bhii
字母

arufabheti
字母表

shoko
字

mashoko

課文

kuverenga

讀

choko

粉筆

chidzidzo

上課

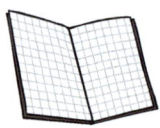

bhuku remazita

登記

bvunzo

考試

setifiketi

證書

yunifomu yekuchikoro

校服

dzidzo

教育

encyclopedia

百科全書

yunivhesiti

大學

maikorosikopu

顯微鏡

mepu

地圖

bhini remapepa

廢紙簍

rwendo
旅行

hotera
飯店
Grand
mahostera
青年旅社
ROOMS
panochinjwa mari
外幣兌換處
CHANGE
sutukesi
手提箱
mota
汽車

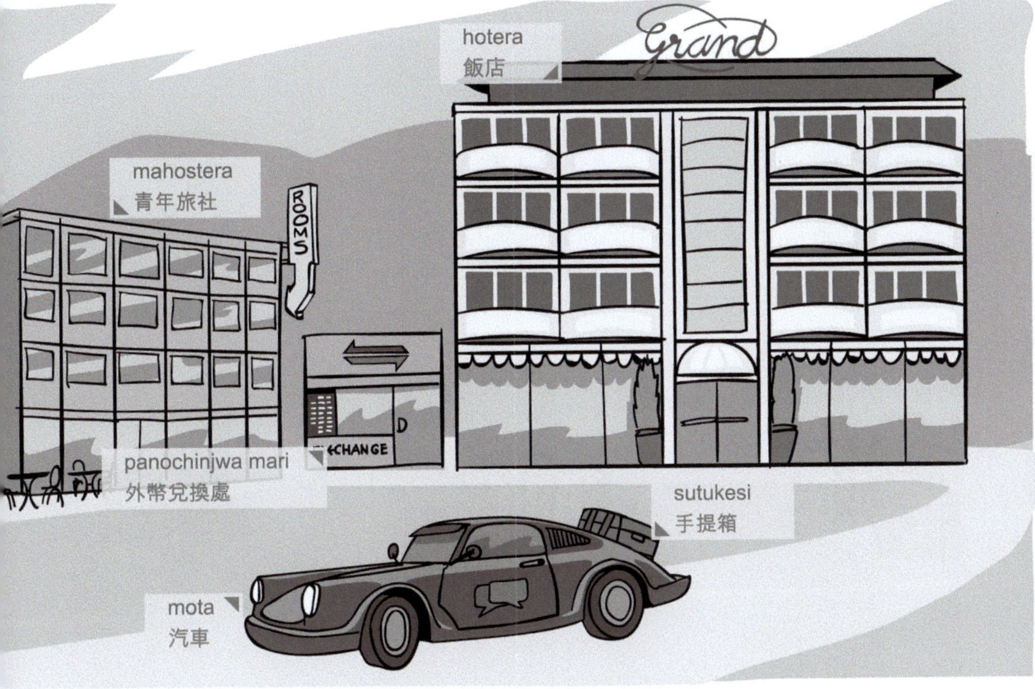

mutauro

語言

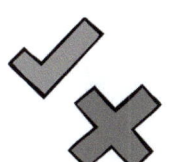

hongu / kwete

是/否

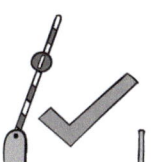

Zvakanaka

好的

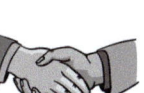

hesi

您好

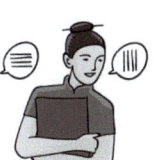

mushanduri

翻譯人員

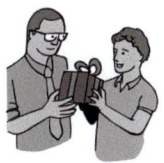

Mazvita

謝謝

Imarii... ?

......多少錢？

Handisi kunzwisisa

我不明白

dambudziko

問題

Manheru!

晚上好！

Mangwanani!

早上好！

Murare zvakanaka

晚安！

toonana

再見

mafambiro

方向

katundu

行李

bhegi

包

bhegi rekumusana

背包

muenzi

客人

imba

房間

bhegi rekurarira

睡袋

tendi

帳篷

mashoko evafambi

旅行資訊

mahombekombe

海灘

kadhi rekubhengi

信用卡

kudya kwemangwanani

早餐

kudya kwemasikati

午餐

kudya kwemanheru

晚餐

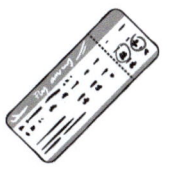

tiketi

票

chikwidzo

電梯

chitambi

郵票

muganhu

邊界

vanoona nezvekupinda
munyika

海關

vamiriiri venyika

大使館

vhiza

簽證

pasipoti

護照

zvifambiso
交通運送

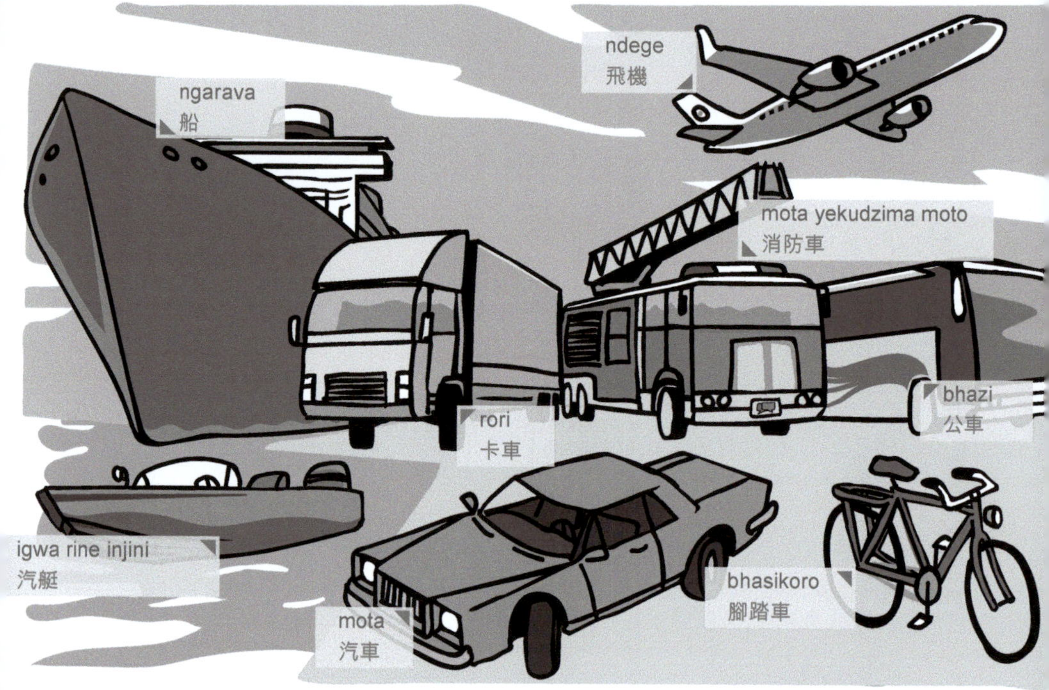
ndege
飛機
ngarava
船
mota yekudzima moto
消防車
bhazi
公車
rori
卡車
igwa rine injini
汽艇
bhasikoro
腳踏車
mota
汽車

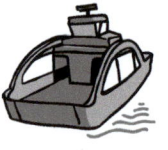

igwa

渡輪

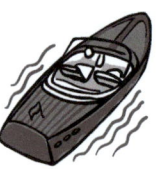

igwa

小船

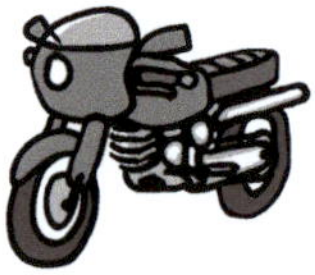

mudhudhudhu

機車

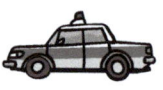

mota yemapurisa

警車

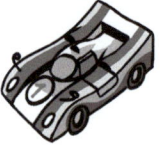

mota yemujaho

賽車

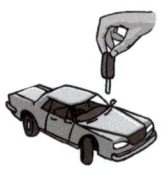

mota yekuhaya

租車

kuhaya mota

拼車

mota inodhonza dzinenge dzafa

拖車

mota yemabhini

垃圾車

injini

馬達

mafuta

汽油

garaji remafuta

加油站

chikwangwani chemumugwagwa

交通標識

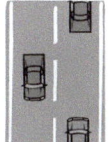

mota

交通

mota dzakawandisa

交通堵塞

panopakwa mota

停車場

chiteshi chezvitima

火車站

njanji

軌道

chitima

火車

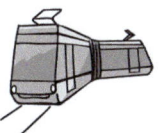

tram

路面電車

chitima

客車廂

chikopokopo

直升機

nhandare yendege

機場

nharire

塔

mufambi

乘客

chikondena

集裝箱

kadhibhodhi bhokisi

紙板箱

ngoro

手推車

bhasiketi

籃子

simuka / mhara

起飛/降落

guta

城市

musha

村莊

pakati peguta

市中心

imba

房子

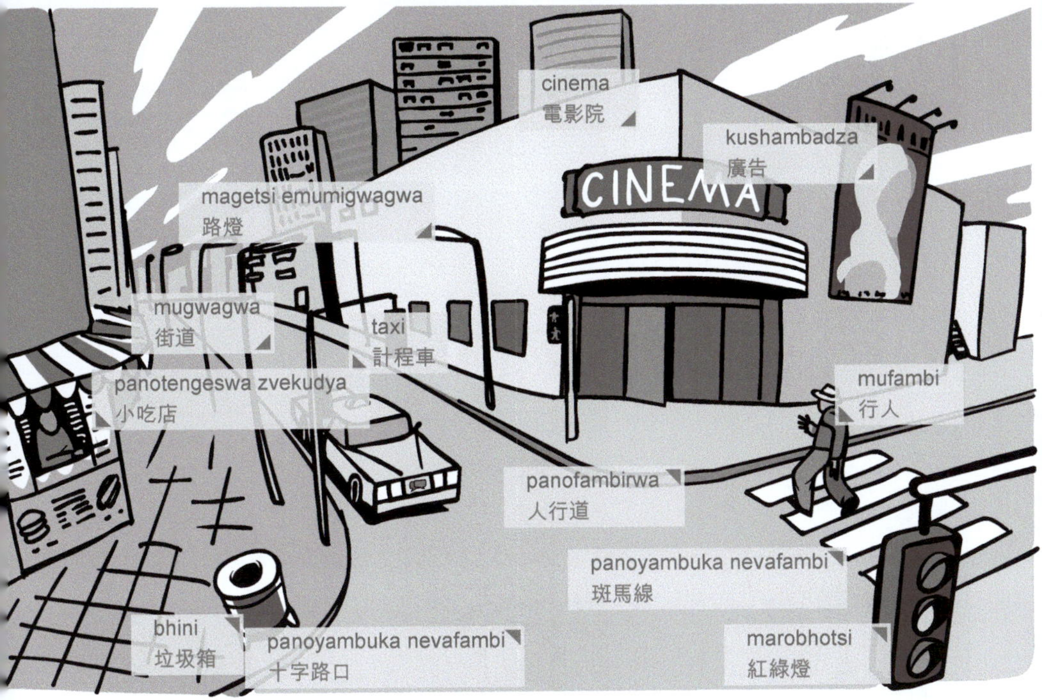

cinema
電影院
kushambadza
廣告
CINEMA
magetsi emumigwagwa
路燈
mugwagwa
街道
taxi
計程車
panotengeswa zvekudya
小吃店
mufambi
行人
panofambirwa
人行道
panoyambuka nevafambi
斑馬線
bhini
垃圾箱
panoyambuka nevafambi
十字路口
marobhotsi
紅綠燈

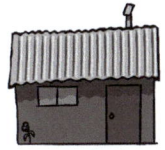

imba

小屋

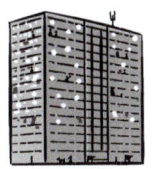

mafurati

公寓

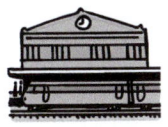

chiteshi chezvitima

火車站

imba yeguta

市政廳

MUSEUM

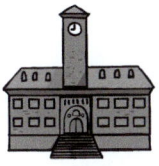

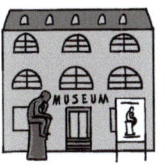

muziyamu

博物館

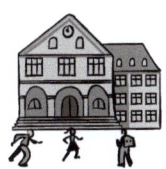

chikoro

學校

yunivhesiti

大學

bhengi

銀行

chipatara

醫院

hotera

飯店

panotengeswa mishonga

藥房

hofisi

辦公室

chitoro chemabhuku

書店

chitoro

商店

panotengeswa maruva

花店

supamaketi

超市

musika

市場

chitoro chine
madhipatimendi

百貨商店

panotengeswa hove

魚店

nzimbo ine zvitoro

購物中心

chiteshi chengarava

海港

paki

公園

bhenji

長凳

bhiriji

橋

masitepisi

樓梯

nzira inoenda nepasi

捷運

mugwagwa wepasi

隧道

panokwirirwa mabhazi

公車站

bhawa

酒吧

resitorendi

餐館

bhokisi retsamba

郵筒

chikwangwani
chemugwagwa
路標

mita yekupaka

停車計時器

unochengeterwa mhuka

動物園

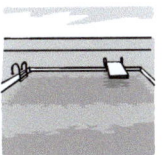

kunotuhwinirwa

游泳池

mosque

清真寺

purazi

農場

kusvibisa

污染

kumakuva

墓地

chechi

教堂

pekutambira

操場

temberi

寺廟

mamiriro akaita nzvimbo
地形

shizha
樹葉

chikwangwani
指示牌

nzira
路

mafuro
草地

dombo
石頭

muti
樹

mufambi
徒步旅行
者

rwizi
河

uswa
草

ruva
花

mupata

峽谷

gomo

丘陵

dhamu

湖

sango

森林

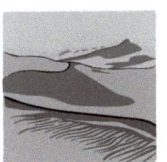

gwenga

沙漠

chikwatamabwe

火山

zimba

城堡

muraraungu

彩虹

hohwa

蘑菇

muchindwe

棕櫚樹

umhutu

蚊子

nhunzi

蒼蠅

svosve

螞蟻

nyuchi

蜜蜂

buve

蜘蛛

chipembenene

甲蟲

datya

青蛙

tsindi

松鼠

nungu

刺蝟

tsuro

野兔

zizi

貓頭鷹

shiri

鳥

swan

天鵝

nguruve yemusango

野豬

nondo

鹿

moose

麋鹿

dhamu

水壩

injini yemhepo

風力發電機

panero rezuva

太陽能電池板

mamiriro ekunze

氣候

resitorendi
餐館

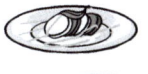

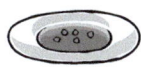

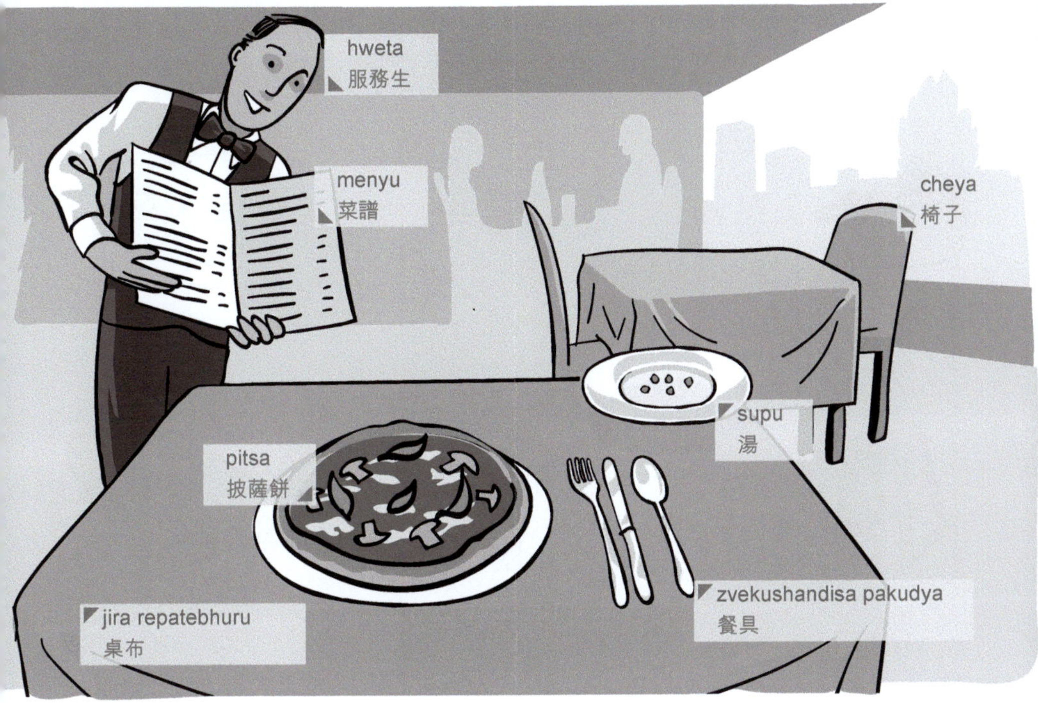
hweta
服務生
menyu
菜譜
cheya
椅子
supu
湯
pitsa
披薩餅
zvekushandisa pakudya
餐具
jira repatebhuru
桌布

zvekusosa nzara

前菜

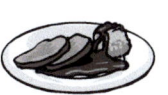

zvekudya

主菜

zvekuseredzera

甜點

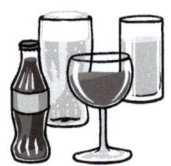

zvekunwa

飲料

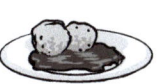

zvekudya

食物

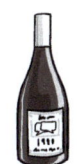

bhodhoro

瓶子

zvekudya zvisingatori nguva
kubika

速食

chikafu chinotengeswa
munzira

街邊小吃

tipoti

茶壺

gabha reshuga

糖盒

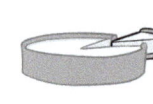

chidimbu

一份飯菜

muchina wekofi

義式咖啡機

cheya yemwana

高腳椅

bhiri

帳單

tureyi

托盤

banga

刀

forogo

餐叉

chipunu

勺子

chipunu

茶匙

zvekupukutisa muromo

餐巾

girazi

玻璃杯

18

ndiro

碟子

ndiro yesupu

湯盤

ndiro

碟子

supu

醬

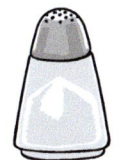

chekuisira sauti

鹽瓶

chekugaya mhiripiri

胡椒研磨罐

vhiniga

醋

mafuta

食用油

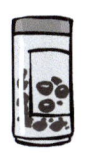

masipaisi

調味料

ketchup

番茄醬

mustard

芥末

mayonaizi

美乃滋

supamaketi

超市

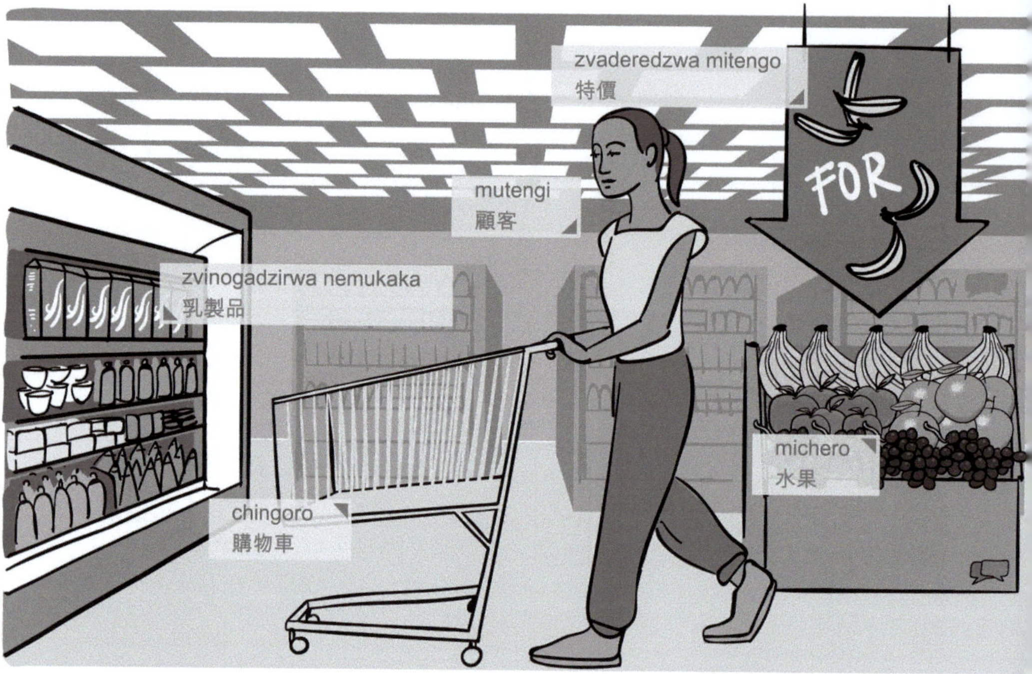
zvaderedzwa mitengo
特價
FOR
mutengi
顧客
zvinogadzirwa nemukaka
乳製品
michero
水果
chingoro
購物車

BUTCHERS

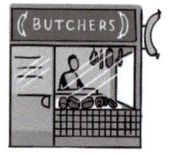

panotengeswa nyama

肉鋪

BAKERY

panotengeswa chingwa

麵包店

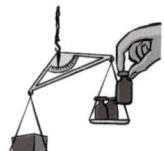

kuyera

稱重

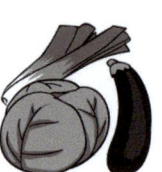

miriwo

蔬菜

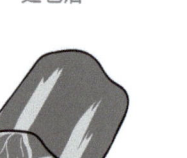

nyama

肉

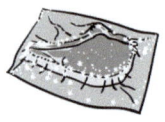

zvekudya zvakaoma nechando

冷凍食品

nyama yakatonhora

冷盤

zvekudya zvemugaba

罐頭食品

sipo yeupfu yekuwachisa

洗衣粉

masuwiti

甜食

zvekushandisa mumba

日用品

zvekuchenesa nazvo

清潔用品

mutengesi

銷售員

tiru

收銀機

mutengesi

收銀員

zviri kuda kutengwa

購物清單

nguva dzekuvhura

開放時間

chikwama

錢包

kadhi rekubhengi

信用卡

bhegi

袋子

pepa rekuisira

塑膠袋

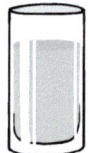

mvura

水

muto wemichero

果汁

mukaka

牛奶

coke

可樂

waini

紅酒

doro

啤酒

doro

酒

cocoa

可可

tii

茶

kofi

咖啡

kofi

義式濃縮咖啡

cappuccino

卡布奇諾

bhanana

香蕉

apuro

蘋果

orenji

柳丁

nwiwa

西瓜

ndimu

檸檬

karotsi

胡蘿蔔

gariki

大蒜

mushenjere

竹子

hanyanisi

洋蔥

hohwa

蘑菇

nzungu

堅果

manoodle

麵條

spaghetti

義大利麵

mupunga

米飯

saradhi

沙拉

machipisi

薯條

mbatatisi dzakafuraiwa

炸馬鈴薯

pitsa

披薩餅

chingwa chakaruma nyama

漢堡

sangweji

三明治

nhindi

炸豬排

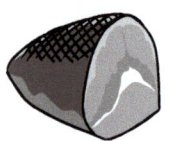

ham

火腿

salami

義大利臘腸

soseji

香腸

huku

雞肉

gochwa

烤肉

hove

魚

24   zvekudya - 食物

bota reoats

燕麥片

muesli

木斯里

macornflake

玉米片

furawa

麵粉

croissant

牛角麵包

chingwa

麵包捲

chingwa

麵包

chingwa chakagochwa

吐司

mabhisikiti

餅乾

bhata

奶油

ige

凝乳

keke

蛋糕

zai

蛋

zai rakafuraiwa

煎蛋

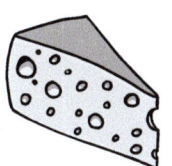

chizi

起司

aizikirimu

冰淇淋

shuga

糖

huchi

蜂蜜

jemu

果醬

chocolate yekuzora

巧克力醬

curry

咖哩

purazi

農場

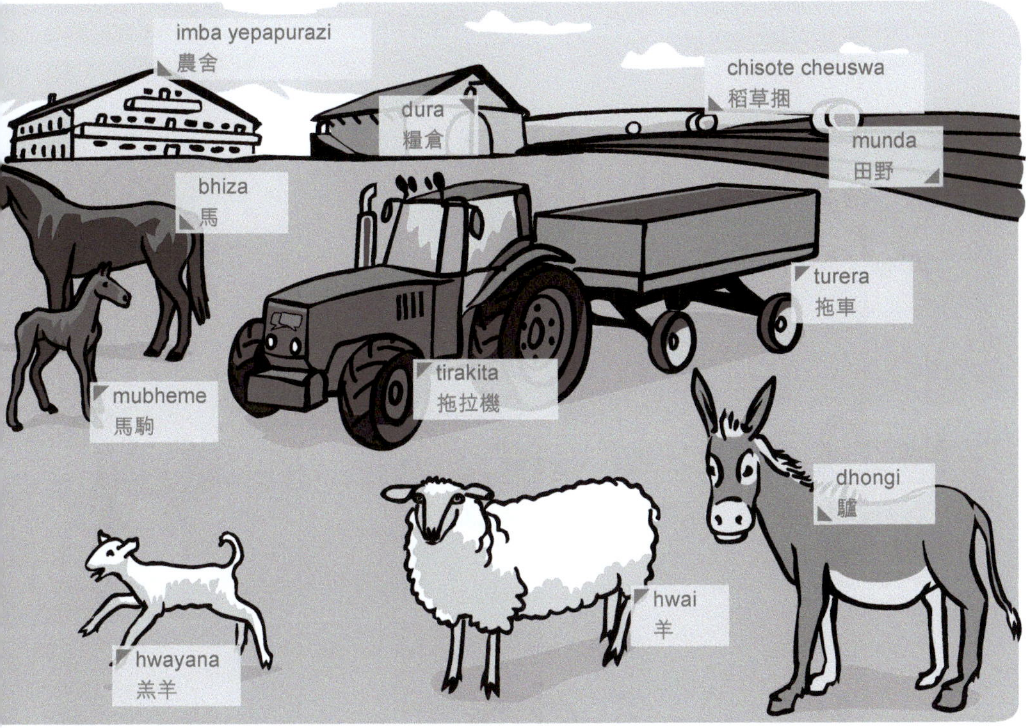
imba yepapurazi
農舍
dura
糧倉
chisote cheuswa
稻草捆
munda
田野
bhiza
馬
turera
拖車
tirakita
拖拉機
mubheme
馬駒
dhongi
驢
hwai
羊
hwayana
羔羊

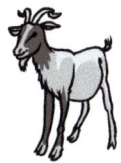

mbudzi

山羊

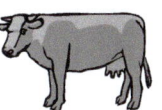

mhou

奶牛

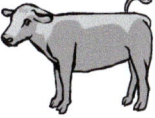

mhuru

小牛

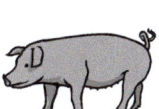

nguruve

豬

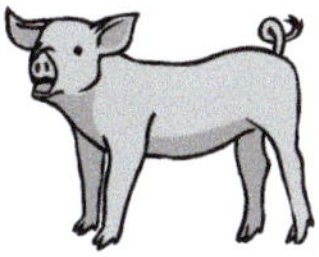

chigwi

小豬

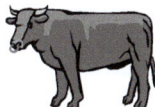

bhuru

公牛

dhadha

鵝

dhakisi

鴨

nhiyo

小雞

tseketsa

母雞

jongwe

公雞

gonzo

鼠

katsi

貓

mbeva

老鼠

dhonza

牛

imbwa

狗

imba yembwa

狗屋

pombi yemvura

花園澆水軟管

keni yekudiridzisa

澆水壺

jeko

長柄大鐮刀

gejo

犁

jeko

鐮刀

badza

鋤頭

forogo

長柄草耙

demo

斧頭

bhara

獨輪手推車

chidyiro

飼料槽

bhodhoro remukaka

牛奶罐

saga

麻布袋

fenzi

柵欄

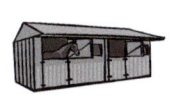

danga

馬廄

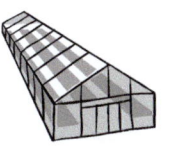

greenhouse

溫室

ivhu

土壤

mbeu

種子

fetereza

肥料

mota yekukohwesa

聯合收割機

kukohwa

收割

gohwo

收割

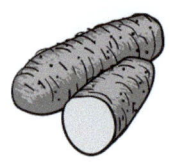

mbatatisi

地瓜

gorosi

小麥

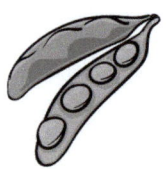

soya

大豆

mbatatisi

土豆

chibage

玉米

rapeseed

油菜籽

muti wemichero

果樹

mufarinya

樹薯

mbesa

穀物

imba
房子

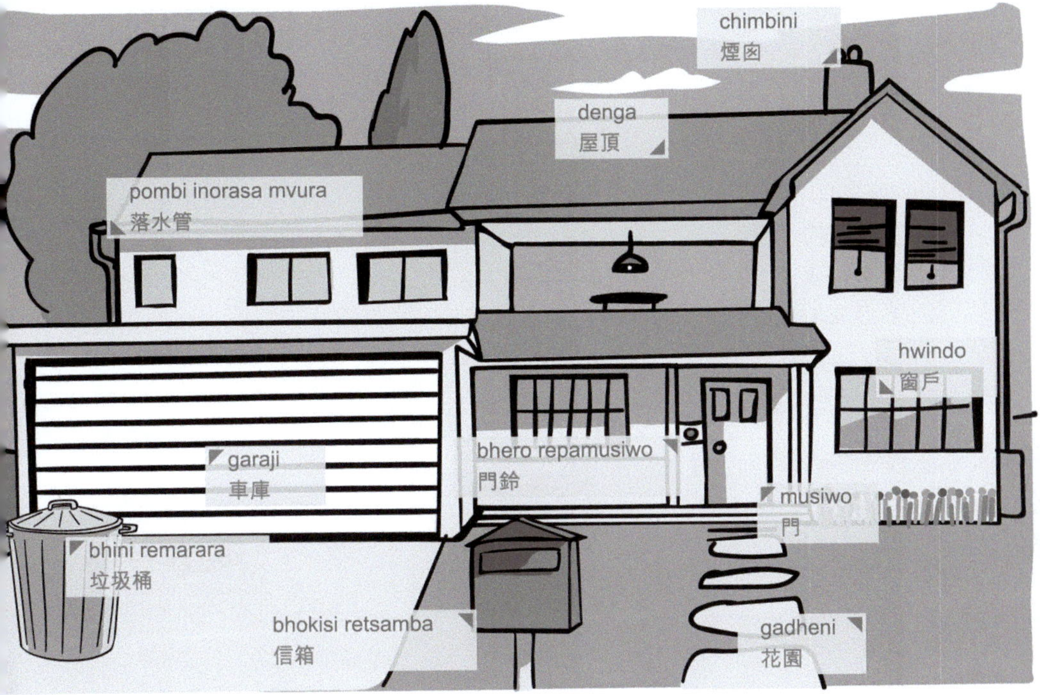
chimbini
煙囱
denga
屋頂
pombi inorasa mvura
落水管
hwindo
窗戶
garaji
車庫
bhero repamusiwo
門鈴
musiwo
門
bhini remarara
垃圾桶
bhokisi retsamba
信箱
gadheni
花園

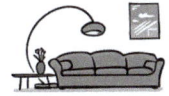

imba yekutandarira

客廳

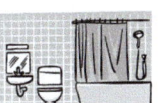

mekugezera

浴室

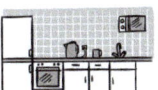

kicheni

廚房

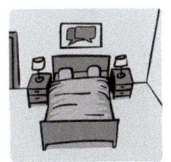

imba yekurara

臥室

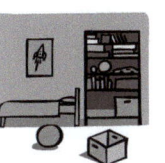

imba yemwana

兒童房

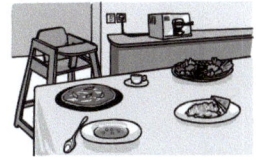

imba yekudyira

餐廳

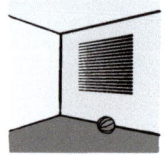

uriri

地板

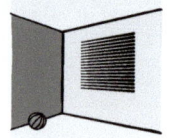

madziro

牆壁

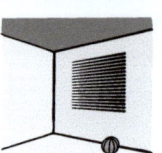

denga

天花板

imba yepasi

地窖

sauna

三溫暖

vharanda repadenga

陽臺

uriri hwepadenga

露臺

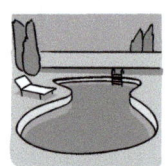

dziva rekushambira

游泳池

muchina wekuchekesa uswa

割草機

jira

被單

chekufukidza mubhedha

床罩

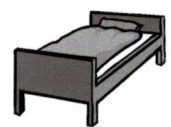

mubhedha

床

bhurumu

掃帚

bhaketi

水桶

suwichi

開關

imba yekutandarira
客廳

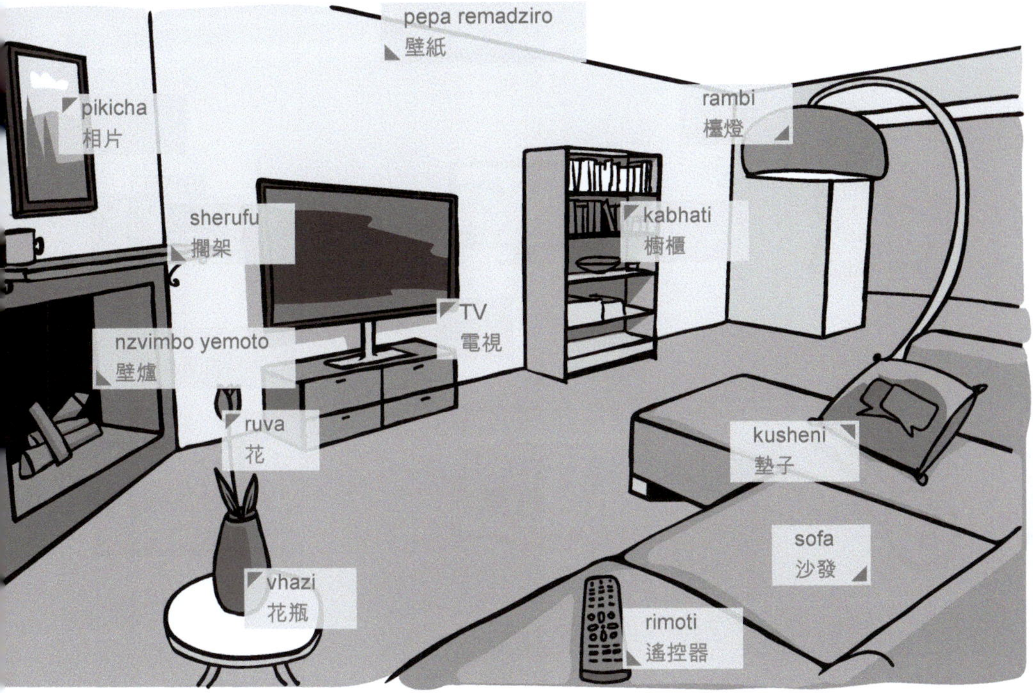

pepa remadziro
壁紙
pikicha
相片
rambi
檯燈
sherufu
擱架
kabhati
櫥櫃
TV
電視
nzvimbo yemoto
壁爐
ruva
花
kusheni
墊子
sofa
沙發
vhazi
花瓶
rimoti
遙控器

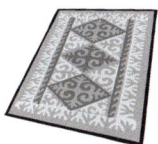

kapeti

地毯

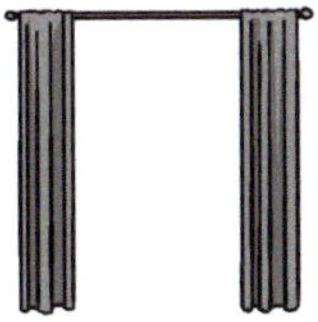

keteni

窗簾

tebhuru

餐桌

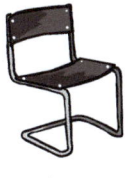

cheya

椅子

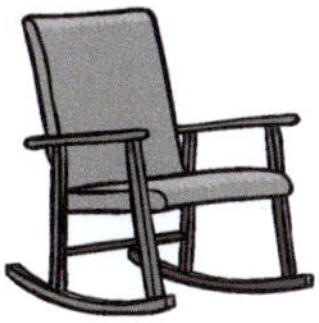

cheya inozeya

搖椅

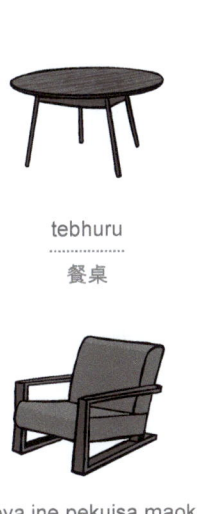

cheya ine pekuisa maoko

扶手椅

bhuku

書

gumbeze

毯子

marongedzero

裝飾品

huni

木柴

firimu

電影

redhiyo yehi-fi

高傳真音響

kii

鑰匙

pepanhau

報紙

mufananidzo

油畫

posita

海報

redhiyo

收音機

pekunyorera

筆記本

muchina wekuhuvhisa

吸塵器

chinanazi

仙人掌

kenduru

蠟燭

kicheni
廚房

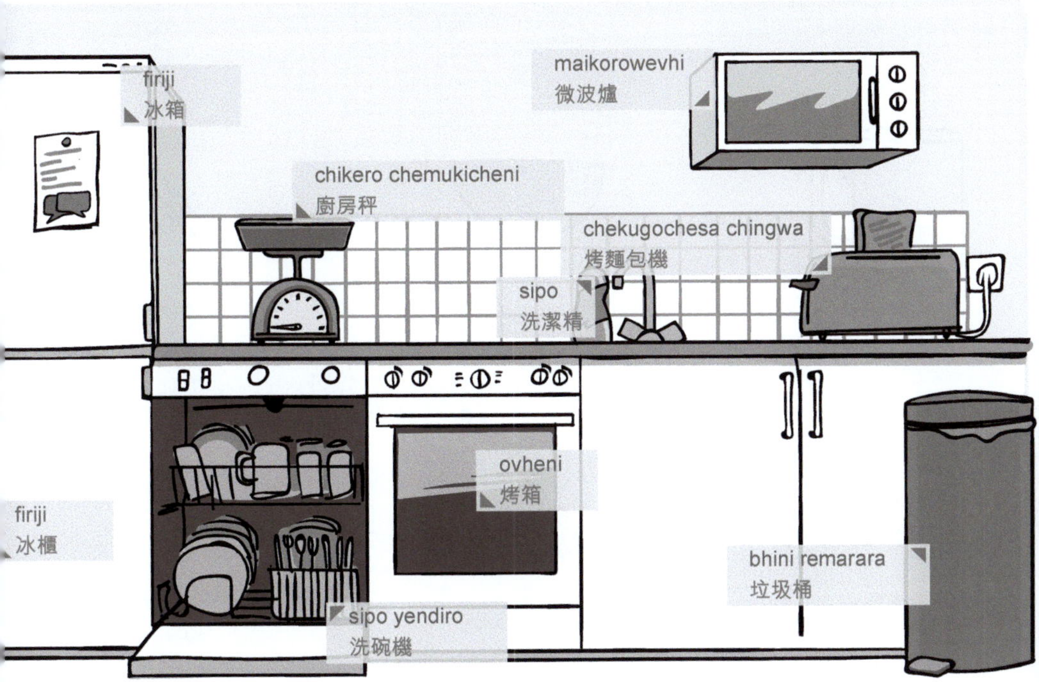
firiji
冰箱
maikorowevhi
微波爐
chikero chemukicheni
廚房秤
chekugochesa chingwa
烤麵包機
sipo
洗潔精
ovheni
烤箱
firiji
冰櫃
bhini remarara
垃圾桶
sipo yendiro
洗碗機

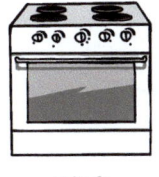

chitofu

炊具

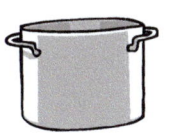

poto

鍋

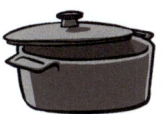

poto yesimbi

鑄鐵鍋

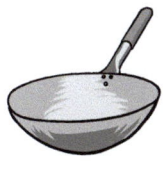

wok / kadai

炒鍋

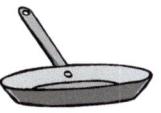

pani

平底鍋

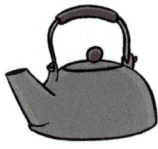

ketero

水壺

chekubikisa neutsi hwemvura

蒸鍋

turei yekubhekesa

烤盤

ndiro

陶瓷鍋

kapu

馬克杯

dishi

碗

tumiti twekudyisa

筷子

chipunu

長柄勺

chipunu

鏟子

chekusanganisisa

攪拌器

chekukunisa

濾網

chekukunisa

篩子

chekugiretesa

磨碎機

duri

研缽

chiwaya

燒烤

moto

明火

chekuchekera

菜板

chekutsimbiririsa mukanyiwa

擀麵杖

chekuvhurisa mabhodhoro ewaini

開瓶器

tini

罐子

chekuvhurisa tini

開罐器

girovhosi rekubatisa zvinopisa

隔熱手套

singi

水槽

bhurasho

刷子

chipanji

海綿

chinosanganisa

攪拌機

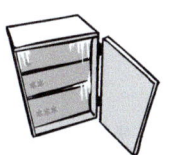

firiji

冷藏箱

bhodhoro remwana

奶瓶

pombi

水龍頭

mekugezera
浴室

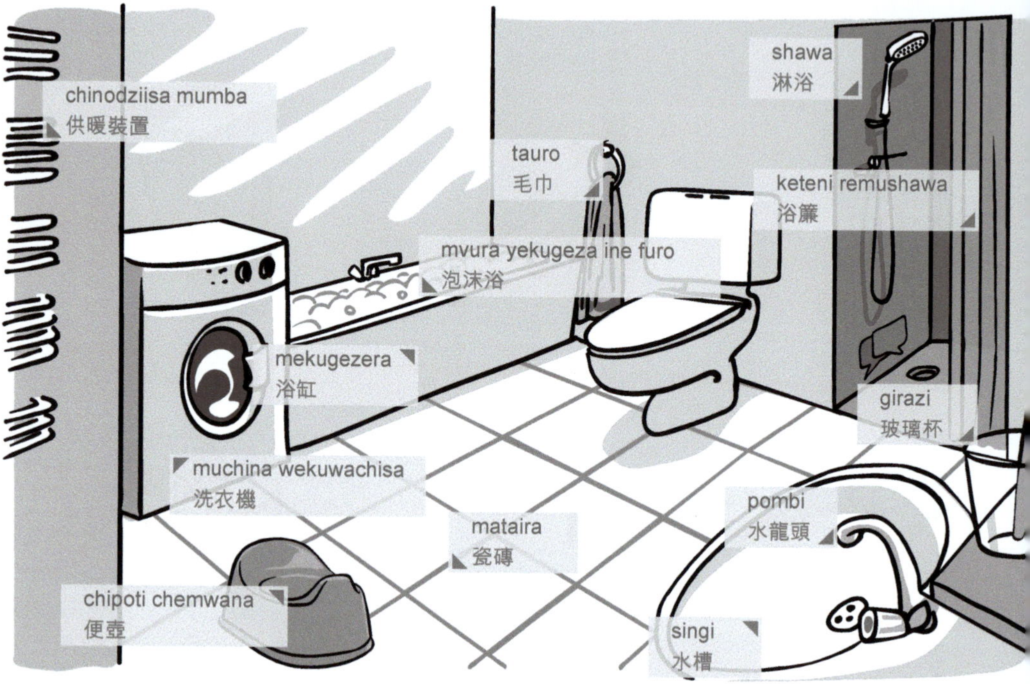
chinodziisa mumba
供暖裝置
tauro
毛巾
shawa
淋浴
keteni remushawa
浴簾
mvura yekugeza ine furo
泡沫浴
mekugezera
浴缸
girazi
玻璃杯
muchina wekuwachisa
洗衣機
pombi
水龍頭
mataira
瓷磚
chipoti chemwana
便壺
singi
水槽

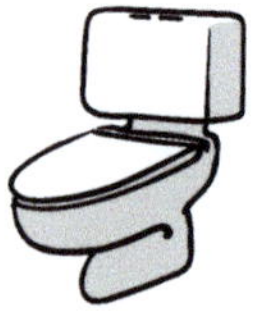

toireti

廁所

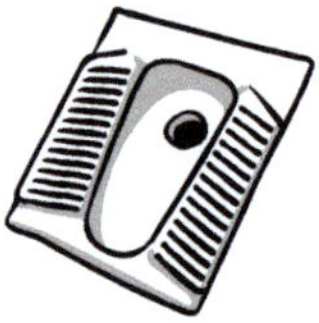

toireti yegomba

蹲便器

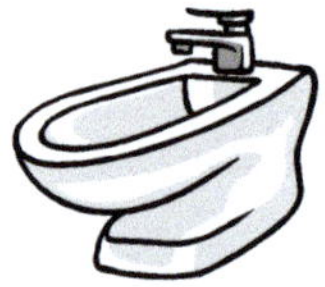

chemba

坐浴器

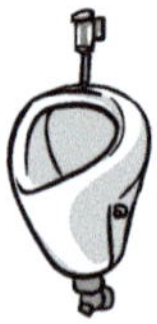

chekuitira weti chevarume

小便斗

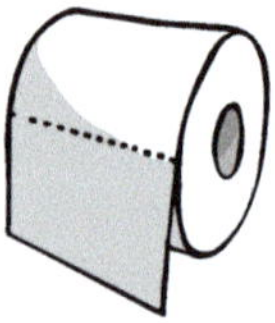

pepa remutoireti

廁紙

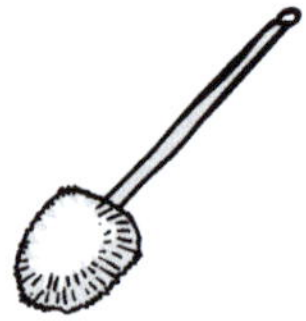

bhurasho remutoireti

馬桶刷

bhurasho remazino

牙刷

mushonga wemazino

牙膏

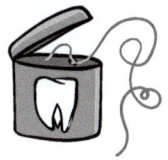

tambo yekugezesa mazino

牙線

kugeza

洗

shawa yekuita zvekubata

手持式蓮蓬頭

douche

沖洗器

bheseni

洗臉盆

bhurasho remusoro

洗背刷

sipo

肥皂

o yekugezesa mushawa

沐浴露

shambuu

洗髮乳

chekugezesa

法蘭絨

dhireni

排水

mafuta

乳霜

chinonhuwirira

除臭劑

girazi

鏡子

girazi remumaoko

手鏡

chekugeresa ndebvu

刮鬍刀

furo rekugeresa ndebvu

刮鬍泡沫

mafuta ekuzora wagera ndebvu

鬚後水

kamu

梳子

bhurasho

刷子

chekuomesa bvudzi

吹風機

mushonga wekupfapfaidza musoro

噴髮定型劑

zvekupodesa

化妝品

chekupendesa muromo

唇膏

chekupendesa nzara

指甲油

donje

化妝棉

chigero chenzara

指甲剪

pefiyumu

香水

bhegi rezvekugezesa

洗漱包

chituro

凳子

chikero

計重秤

bathrobe

浴袍

magirovhosi erabha

橡膠手套

tampon

衛生棉條

pedhi

衛生棉

toireti inotakurwa

化學廁所

imba yemwana
兒童房

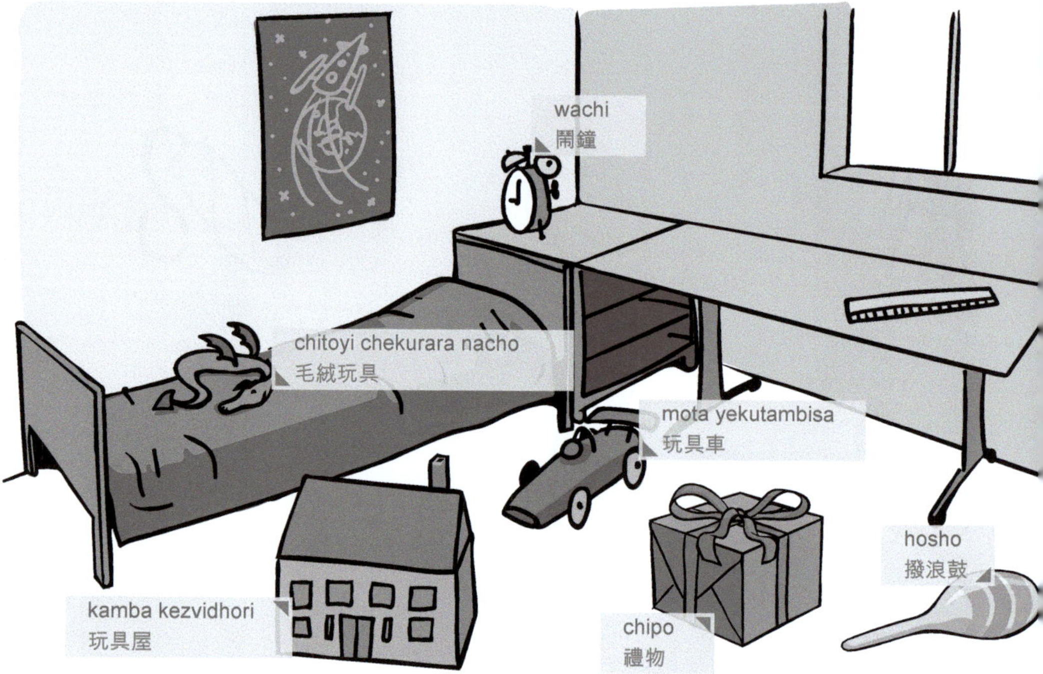
wachi
鬧鐘
chitoyi chekurara nacho
毛絨玩具
mota yekutambisa
玩具車
hosho
撥浪鼓
kamba kezvidhori
玩具屋
chipo
禮物

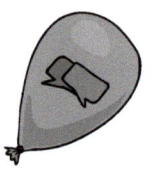

chibharuma
氣球

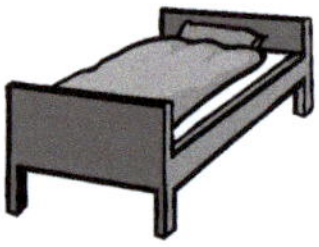

mubhedha
床

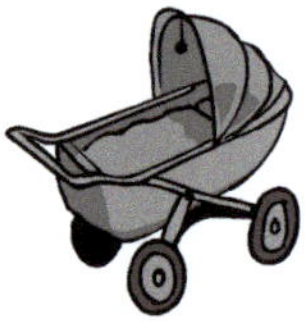

purema
嬰兒車

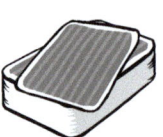

makadhi ekutamba
撲克牌

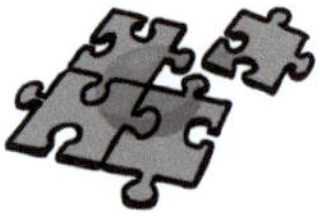

puzzle
拼圖

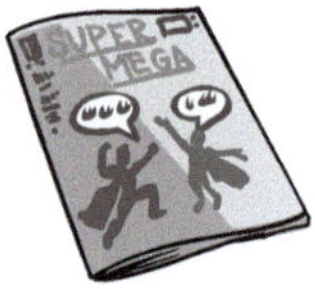
SUPER
MEGA

makatuni ekuverenga
漫畫

zvekuvakisa zvinhu

樂高積木

mabhuroko ekuvakisa

積木玩具

chidhori

公仔

babygrow

嬰兒服

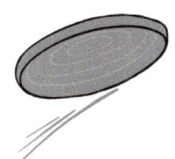

chekutambisa uchikanda

飛盤

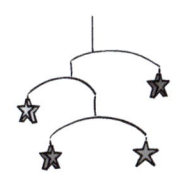

zvekuvaraidza mwana

床鈴玩具

gemu rinotambirwa pabhodhi

棋盤遊戲

dhaisi

骰子

zvitima zvekutambisa

火車模型

chidhami

安撫奶嘴

mabiko

派對

bhuku remapikicha

繪本

bhora

球

chidhori

洋娃娃

kutamba

玩

majecha ekutambira

沙坑

muzeerere

鞦韆

zvekutambisa

玩具

chekutambisa magemu emavhidhiyo

電玩遊戲

kabhasikoro kemavhiri matatu

三輪車

teddy bear

泰迪熊

wadhiropu

衣櫃

zvipfeko

衣服

masokisi

襪子

masokisi

長襪

matirauzi anobata muviri

緊身褲

sikavha
圍巾

amburera
雨傘

t-sheti
T恤

bhandi
皮帶

majombo
靴子

bhutsu
拖鞋

bhutsu
運動鞋

masanduru

涼鞋

bhutsu

鞋

magambutsu

雨靴

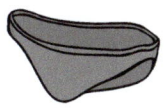
nduwe

內褲

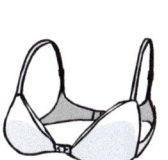
bhodhi

胸罩

vhesi

背心

muviri

身體

tirauzi

褲子

jini

牛仔褲

siketi

短裙

bhurauzi

女式襯衫

hembe

襯衫

bhachi

套頭衫

chibhachi

連帽上衣

bhachi

西裝夾克

bhachi

夾克

jasi

外套

renikoti

雨衣

koshitomu

套裝

dhirezi

連衣裙

dhirezi remuchato

婚紗

sutu

西裝

hembe yekurarisa

睡袍

mapijama

睡衣

chari

莎麗

headscarf

頭巾

heti

包頭巾

burqa

波卡

kaftan

卡夫坦

abaya

(阿拉伯式)長袍

hembe yekutuhwinisa

泳衣

chikabudura

男式泳褲

chikabudura

短褲

tirekisutu

運動服

apuroni

圍裙

magirovhosi

手套

bhatani

鈕扣

magirazi

眼鏡

bhenguru

手鏈

chuma

項鍊

rin'i

戒指

mhete

耳環

kepisi

便帽

hen'a

衣架

heti

帽子

tai

領帶

zipi

拉鍊

herumeti

安全帽

mabhandi

背帶

yunifomu yekuchikoro

校服

yunifomu

制服

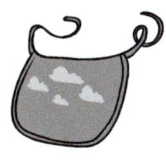

chibhibhi

圍兜

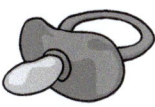

chidhami

安撫奶嘴

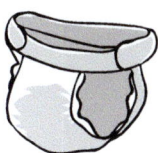

napukeni

尿布

hofisi
辦公室

server
伺服器
kabhineti
檔案櫃
muchina wekuprindisa
印表機
pepa
紙
sikirini
螢幕
mouse
滑鼠
tafura
辦公桌
fayera
資料夾
keyboard
鍵盤
cheya
椅子
bhini remapepa
廢紙簍
kombiyuta
電腦

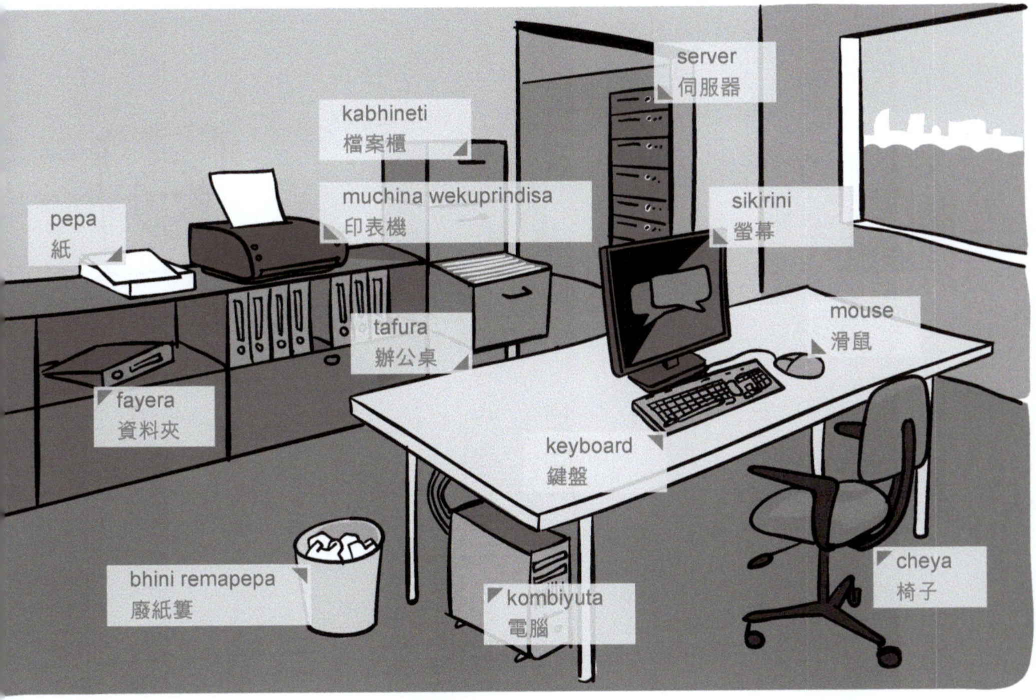

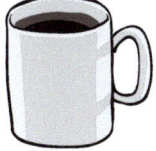

kapu yekofi

咖啡杯

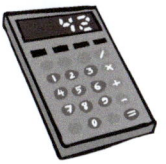

kakureta

計算機

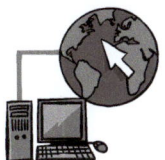

indaneti

網際網路

laptop

筆記型電腦

tsamba

信件

tsamba

簡訊

serura

行動電話

network

網路

muchina wekufotokopesa

影印機

software

軟體

foni

電話

pekupfekera magetsi

插座

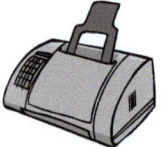

muchina wefax

傳真機

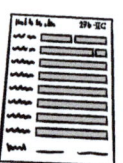

fomu

表格

gwaro

檔案

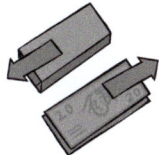

kutenga

買

kubhadhara

付錢

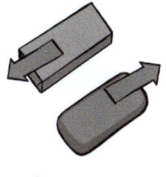

kutengesa

交易

mari

現金

Dhora

美元

Euro

歐元

Yen

日元

rouble

盧布

Swiss franc

瑞士法郎

renminbi yuan

人民幣

rupee

盧比

panobhadharwa

提款處

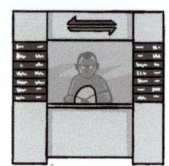

panochinjwa mari

外幣兌換處

goridhe

金

sirivha

銀

mafuta

石油

magetsi

能源

mutengo

價格

chibvumirano

合約

mutero

稅金

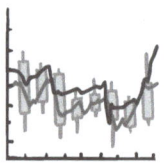

masitoku

股票

kushanda

工作

mushandi

職員

mushandirwi

老闆

fekitari

工廠

chitoro

商店

mabasa
職業

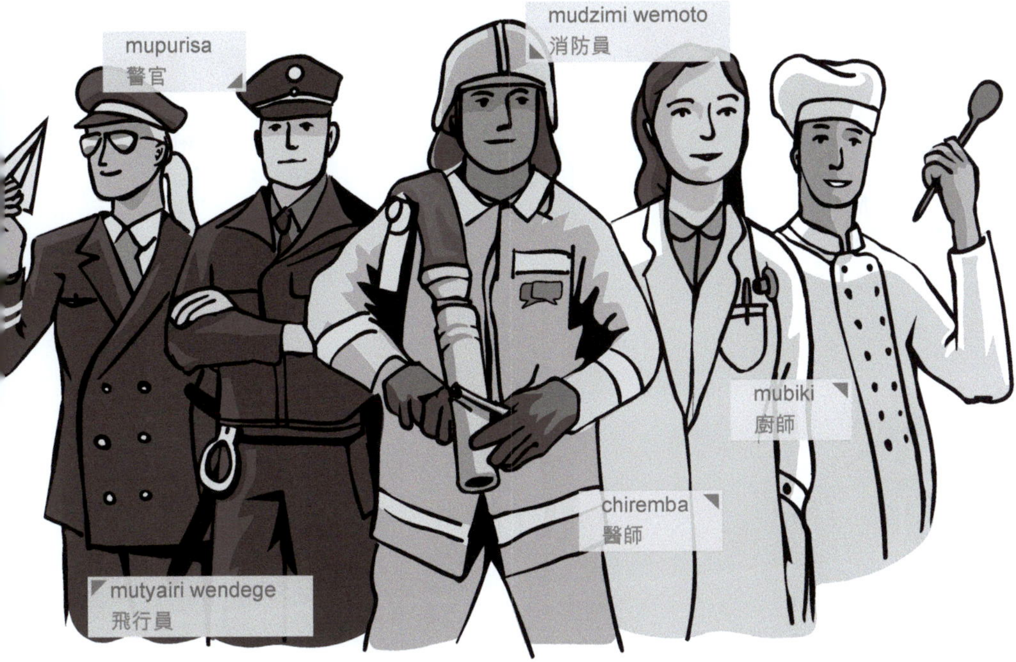
mupurisa
警官
mudzimi wemoto
消防員
mubiki
廚師
chiremba
醫師
mutyairi wendege
飛行員

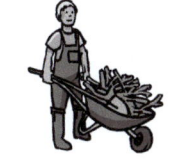

mushandi wemugadheni

園丁

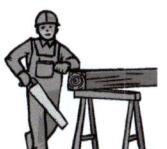

muvezi

木匠

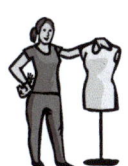

mukadzi anosona

裁縫

mutongi

法官

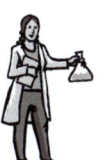

anoita zvemishonga

化學家

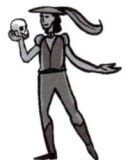

ekita

演員

mutyairi webhazi

公車司機

mutyairi wetaxi

計程車司機

muredzi

漁夫

mudzimai anochenesa

清洗女工

anogadzira denga

屋頂工

hweta

服務生

muvhimi

獵人

anopenda

畫家

mubiki wechingwa

麵包師

mugadziri wemagetsi

電工

muvaki

建築工人

injiniya

工程師

mushandi wemubhucha

屠夫

puramba

水管工

positimeni

郵差

musoja

士兵

anoita mapurani edzimba

建築師

mutengesi

收銀員

mugadziri wemaruva

花農

mugadziri wemusoro

理髮師

kondakita

售票員

makanika

機械技師

kaputeni

船長

chiremba wemazino

牙醫

musayindisti

科學家

rabbi

拉比

imam

伊瑪目

mumonk

和尚

mufundisi

牧師

maturusi

工具

sando
鐵鎚
pinjisi
鉗子
sikuruudhiraivha
螺絲起子
chipanera
扳手
tochi
手電筒

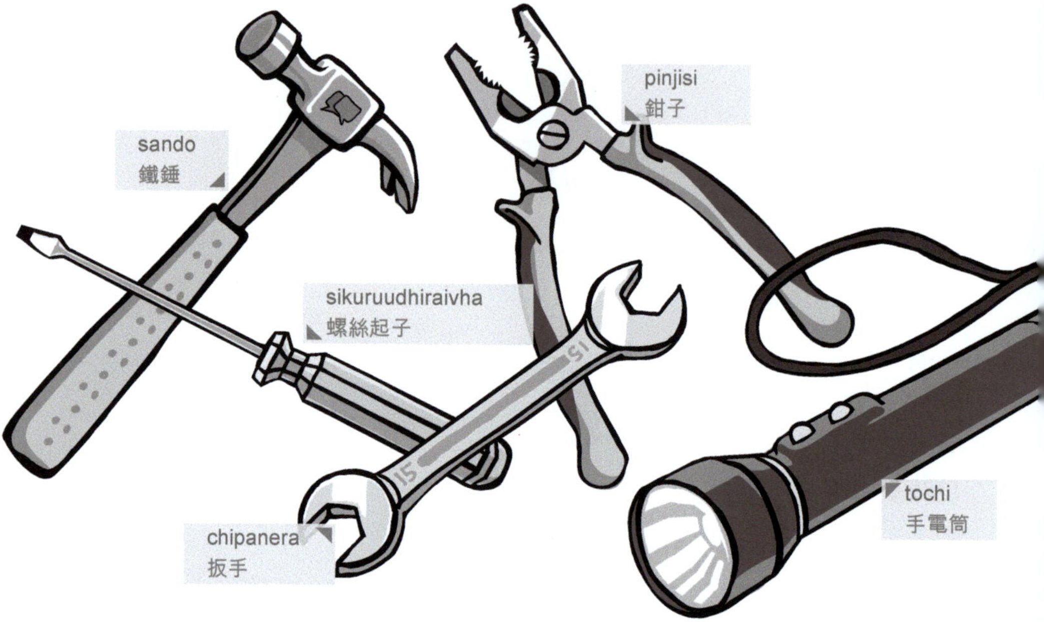

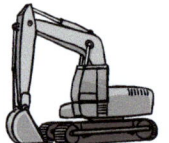

chikatapira

挖掘機

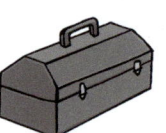

bhokisi rematurusi

工具箱

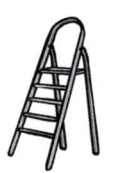

manera

梯子

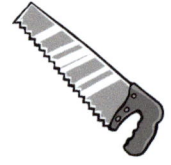

saha

鋸子

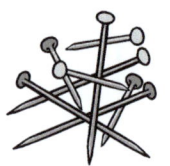

zvipikiri

釘子

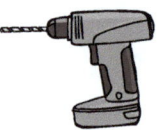

chibooreso

鑽機

kugadzira
修

foshoro
鏟子

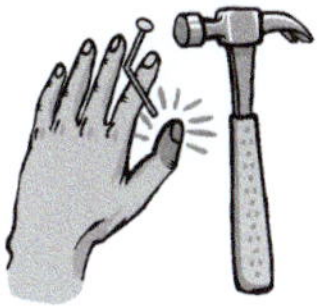

Nxa!
糟糕！

chidyoreso
畚箕

gaba rependi
油漆桶

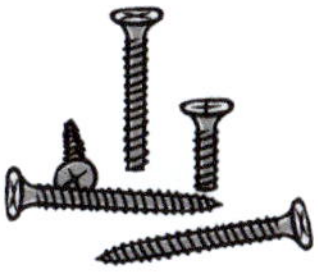

masikuruu
螺絲

zviridzwa
樂器

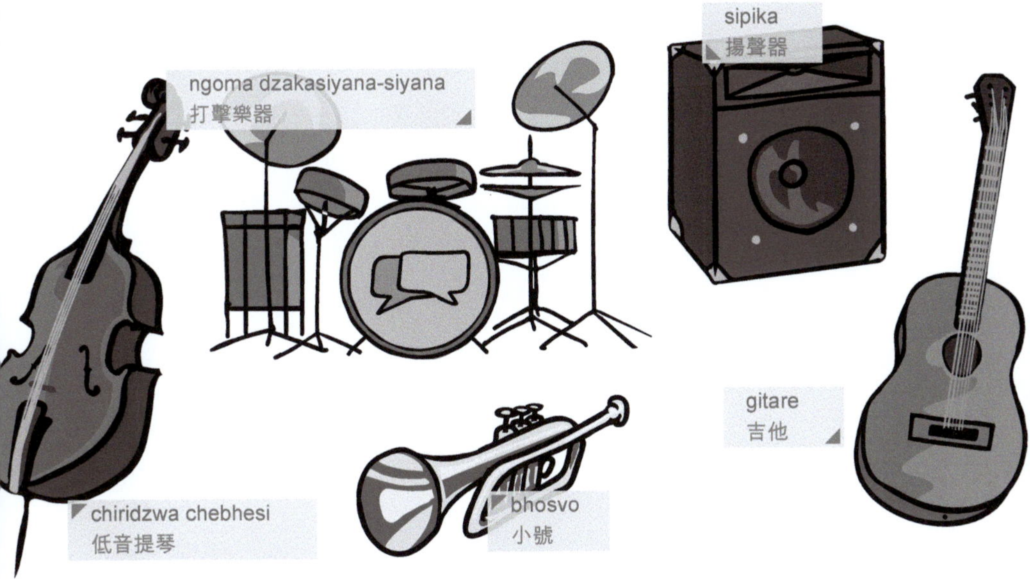

sipika
揚聲器

ngoma dzakasiyana-siyana
打擊樂器

gitare
吉他

chiridzwa chebhesi
低音提琴

bhosvo
小號

piyano

鋼琴

violin

小提琴

gitare rebhesi

貝斯

ngoma

定音鼓

ngoma

鼓

piyano yemagetsi

電子琴

saxophone

薩克斯風

nyere

長笛

maikorofoni

麥克風

munochengeterwa mhuka
動物園

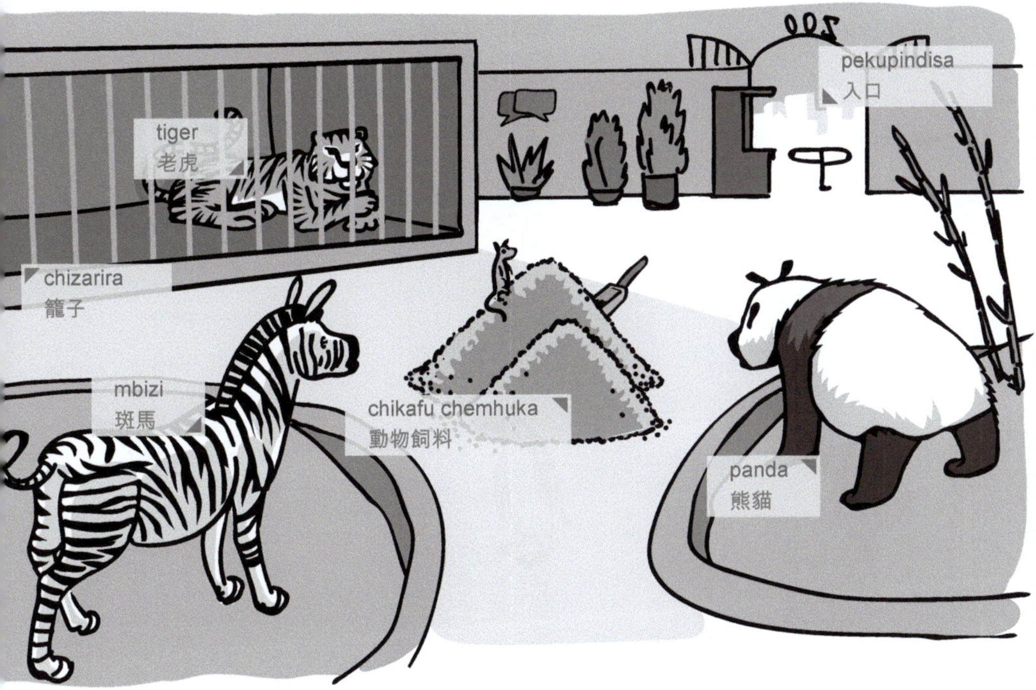

pekupindisa
入口
tiger
老虎
chizarira
籠子
mbizi
斑馬
chikafu chemhuka
動物飼料
panda
熊貓

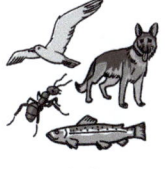

mhuka

動物

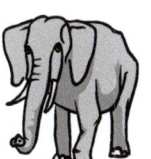

nzou

大象

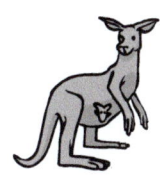

kangaruru

袋鼠

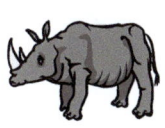

chipembere

犀牛

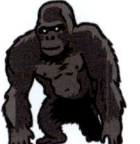

gorilla

大猩猩

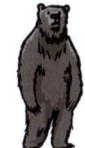

bear

熊

ngamera

駱駝

mhou

鴕鳥

shumba

獅子

tsoko

猴子

flamingo

紅鶴

parrot

鸚鵡

bear rekuchando

北極熊

penguin

企鵝

shark

鯊魚

pikoko

孔雀

nyoka

蛇

garwe

鱷魚

muchengeti wenzvimbo
yemhuka

動物園管理員

seal

海豹

jaguar

美洲豹

nyurusi

矮種馬

ingwe

豹

mvuu

河馬

twiza

長頸鹿

gondo

老鷹

nguruve yemusango

野豬

hove

魚

kamba

龜

walrus

海象

gava

狐狸

nhoro

羚羊

bhora rekuAmerica
橄欖球

kuchovha
騎腳踏車

tenisi
網球

bhora rebhasiketi
籃球

kutuhwina
游泳

tsiva
拳擊

hockey yemuchando
冰球

nhabvu
美式足球

badminton
羽毛球

zvekumhanya
田徑

bhora remaoko
手球

kuita ski
滑雪

polo
馬球

usvetuka

kuseka
笑

kumbundira
擁抱

kufamba
走路

kuimba
唱

kurota
做夢

kunyengetera
祈禱

kutsvoda
親吻

nyora

書寫

kudhirowa

畫

kuratidza

展示

kusunda

推

kupa

給

kutora

拿

kuva ne

有

kuita

做

kuva

當

kumira

站

kumhanya

跑

kudhonza

拉

kukanda

丟

kudonha

摔倒

kurara

躺

kumirira

等待

kutakura

攜帶

kugara

坐

kupfeka

穿衣

kurara

睡覺

kumuka

醒來

kutarisa

看

kuchema

哭

kupuruzira

擊

kukama

梳頭

kutaura

交談

kunzwisisa

明白

kubvunza

問

kuteerera

聽

kunwa

喝

kudya

吃

kuchenesa

清理

kuda

愛

kubika

做飯

kutyaira

開車

kubhururuka

飛

kufambiswa nemhepo

航行

kakureta

計算

kuverenga

讀

kudzidza

學習

kushanda

工作

kuroora / kuroorwa

結婚

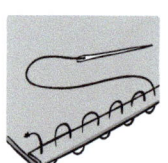

kusona

縫

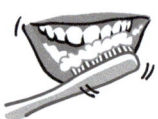

kukwesha mazino

刷牙

kuuraya

殺

kuputa

抽菸

kutumira

寄

mhuri
家

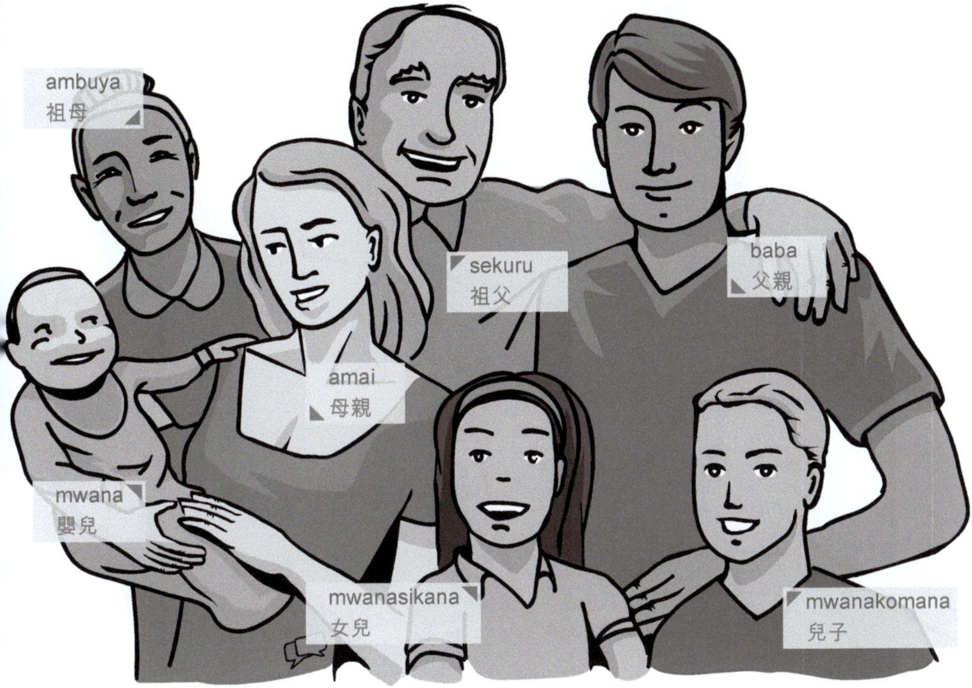
ambuya
祖母
sekuru
祖父
baba
父親
amai
母親
mwana
嬰兒
mwanasikana
女兒
mwanakomana
兒子

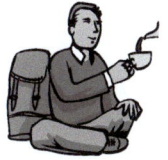

muenzi

客人

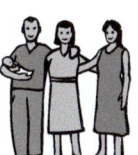

tete

阿姨

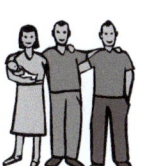

sekuru

叔叔

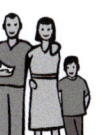

hanzvadzikomana

兄弟

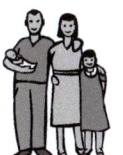

hanzvadzisikana

姐妹

muviri
身體

huma
前額
ziso
眼睛
bendekete
肩膀
munwe
手指
chiso
臉
chirebvu
下巴
ruoko
手
gumbo
腿
chipfuva
乳房
ruoko
手臂

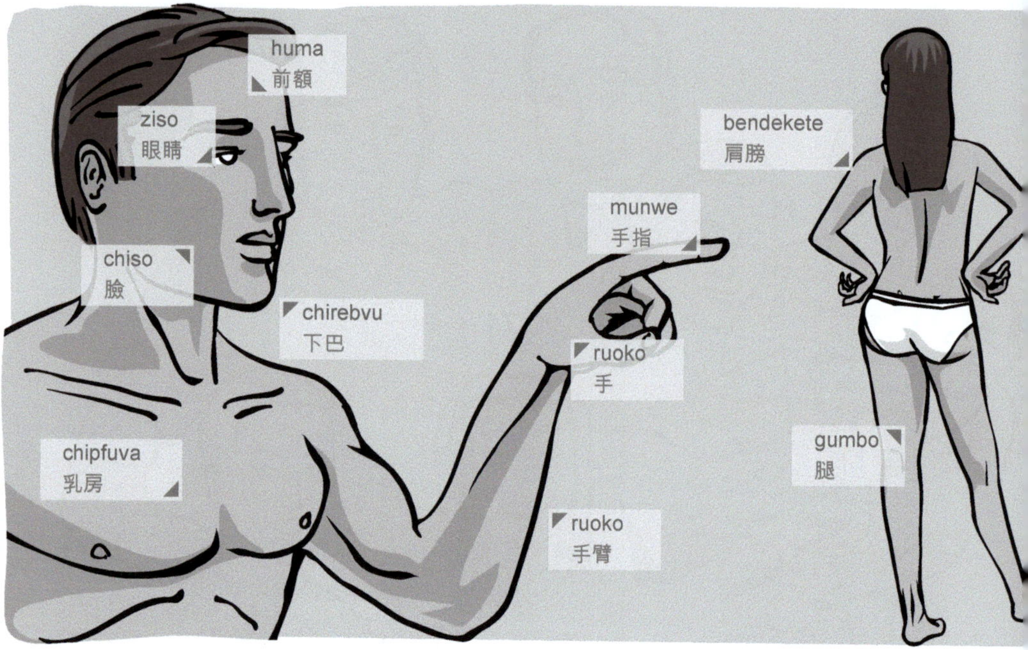

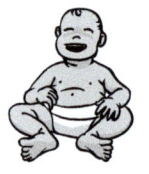

mwana

嬰兒

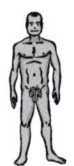

murume

男人

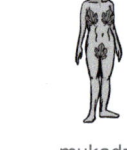

mukadzi

女人

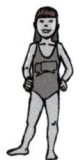

musikana

女孩

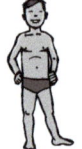

mukomana

男孩

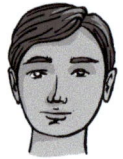

musoro

頭

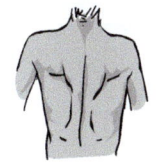

musana

背部

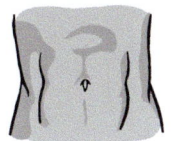

dumbu

肚子

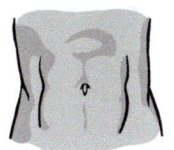

guvhu

肚臍

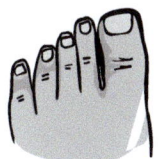

chigunwe

腳趾

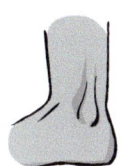

chitsitsinho

腳後跟

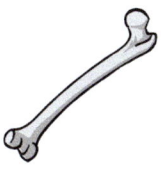

bhonzo

骨頭

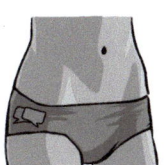

hudyu

臀部

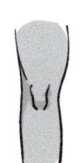

ibvi

膝蓋

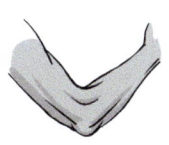

gokora

手肘

mhino

鼻子

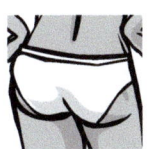

garo

屁股

ganda

皮膚

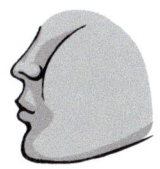

dama

臉頰

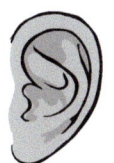

nzeve

耳朵

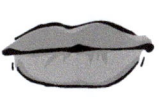

muromo

嘴唇

mukanwa

嘴

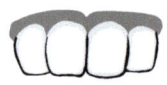

zino

牙齒

rurimi

舌頭

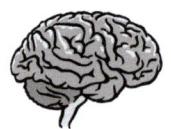

uropi

腦

mwoyo

心臟

tsandanyama

肌肉

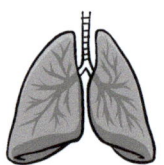

bapu

肺

chitaka

肝臟

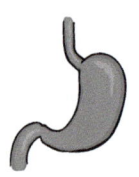

dumbu

胃

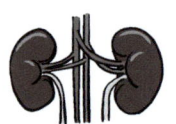

itsvo

腎臟

kuita bonde

性交

kondomu

保險套

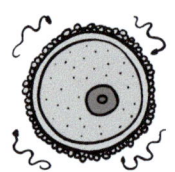

zai

卵子

urume

精子

nhumbu

懷孕

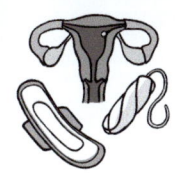

kuenda kumwedzi

月事

sikarudzi

陰道

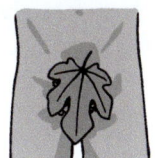

mboro

陰莖

tsiye

眉毛

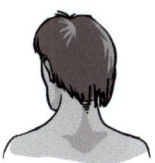

bvudzi

頭髮

mutsipa

脖子

chipatara
醫院

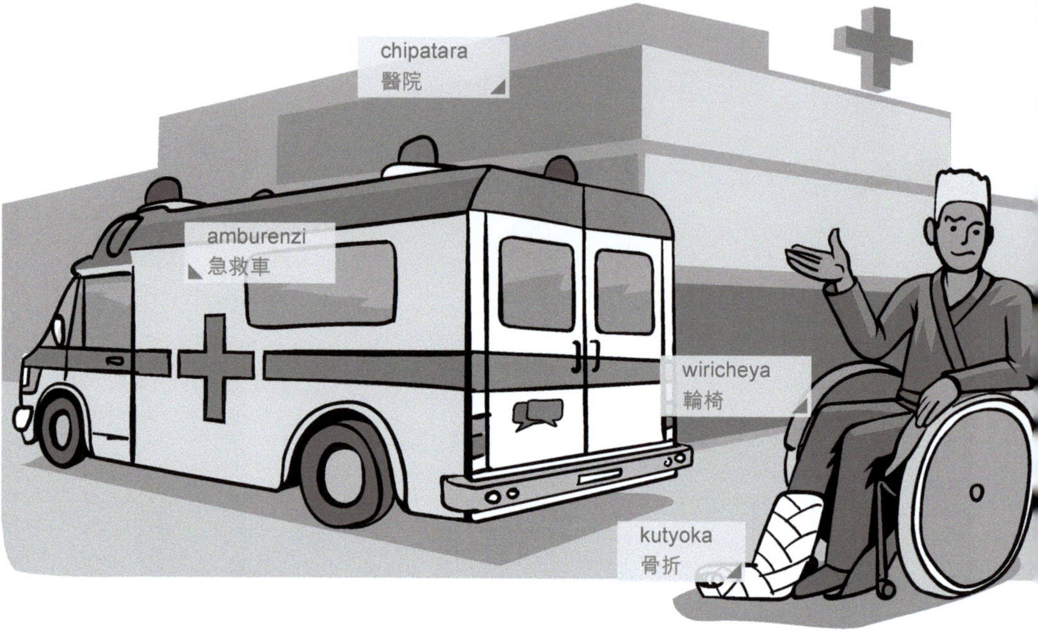

chipatara
醫院
amburenzi
急救車
wiricheya
輪椅
kutyoka
骨折

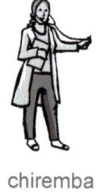

chiremba

醫師

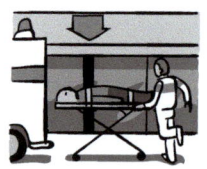

imba yerubatsiro

急診室

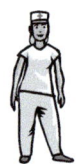

nesi

護理師

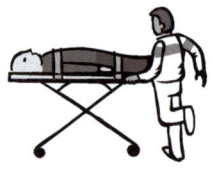

zvekukurumidza

緊急情形

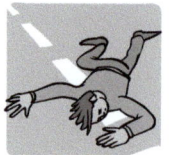

kufenda

昏迷

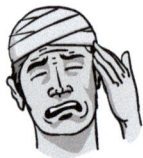

rwadza

痛

kukuvara

受傷

kubuda ropa

出血

kuerekana mwoyo
usisashandi

心臟病發作

kuoma rutivi

中風

zvinorwarisa

過敏

chikosoro

咳嗽

fivha

發燒

furuu

流感

manyoka

腹瀉

kutemwa nemusoro

頭痛

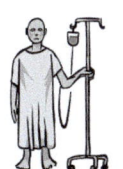

mhuka

癌症

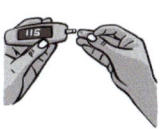

chirwere cheshuga

糖尿病

muvhiyi

外科醫師

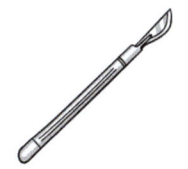

kabanga keoparesheni

手術刀

oparesheni

手術

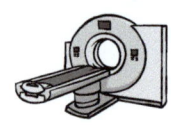

CT

電腦斷層掃描

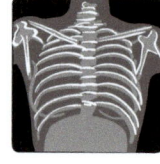

x-ray

X光

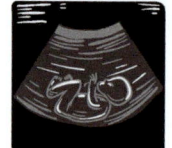

ultrasound

超音波

chekuvharisa mhino nemuromo

口罩

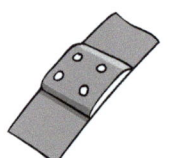

chirwere

疾病

mekumirira kurapiwa

候診室

chidhondoro

拐杖

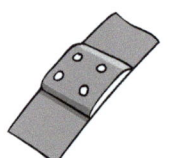

purasita

石膏

bhandiji

繃帶

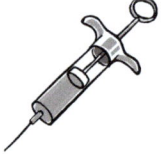

jekiseni

注射

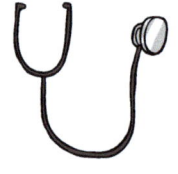

chekuteerera nacho mukati

聽診器

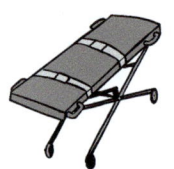

kamubhedha kemurwere

擔架

chekutoresa nacho tembiricha

體溫計

kuzvara

出生

kufuta

超重

chekubatsira kunzwa

助聽器

mushonga unouraya utachiona

消毒液

utachiona

感染

vhairasi

病毒

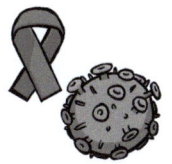

HIV / AIDS

愛滋病

mushonga

藥物

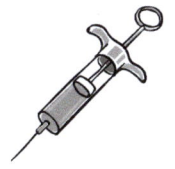

kudzivirira zvirwere

接種疫苗

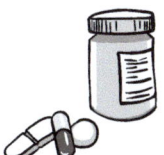

mapiritsi

藥片

piritsi

藥丸

fonera rubatsiro ipapo ipapo

急救電話

muchina wekuyeresa BP

血壓計

kurwara / kugwinya

生病/健康

chipatara - 醫院

Maiwe!

救命！

kurwisa

突擊

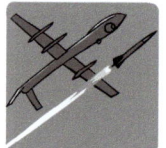

kurwisa

攻擊

ngozi

危險

pekupuda napo zvechimbi-chimbi

緊急出口

Moto!

失火了！

chekudzimisa moto

滅火器

tsaona

意外

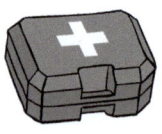

zvinhu zvefirst aid

急救箱

SOS

呼救訊號

mapurisa

員警

Europe

歐洲

Kuchamhembe kweAmerica

北美洲

Kumaodzanyemba kweAmerica

南美洲

Africa

非洲

Asia

亞洲

Australia

澳洲

Atlantic

大西洋

Pacific

太平洋

Nyanza yeIndia

印度洋

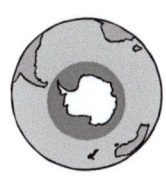

Nyanza yeAntarctic

南冰洋

Nyanza yeArctic

北冰洋

Kuchamhembe

北極

Kumaodzanyemba

南極

Antarctica

南極洲

Nyika

地球

nyika

陸地

gungwa

海

chitsuwa

島

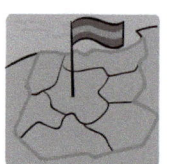

nyika

國家

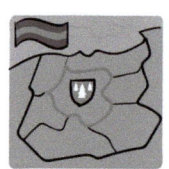

nyika

州

wachi

錶盤

chinongedza awa

時針

chinongedza miniti

分針

chinongedza masekondi

秒針

Inguvai?

現在幾點？

zuva

天

nguva

時間

izvozvi

現在

wachi yemanhamba

電子錶

miniti

分

awa

時

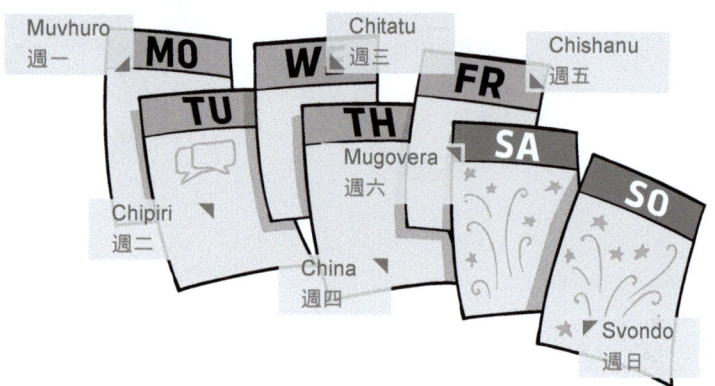

Muvhuro 週一 MO
Chitatu 週三 W
Chishanu 週五 FR
TU
TH
Mugovera 週六 SA
SO
Chipiri 週二
China 週四
Svondo 週日

nezuro

昨天

nhasi

今天

mangwana

明天

mangwanani

早晨

masikati

中午

manheru

晚上

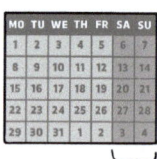

mazuva ebasa

工作日

kupera kwevhiki

週末

mvura
雨

muraraungu
彩虹

chando
雪

mhepo
風

chirimo
春

matsutso
秋

zhizha
夏

chando
冬

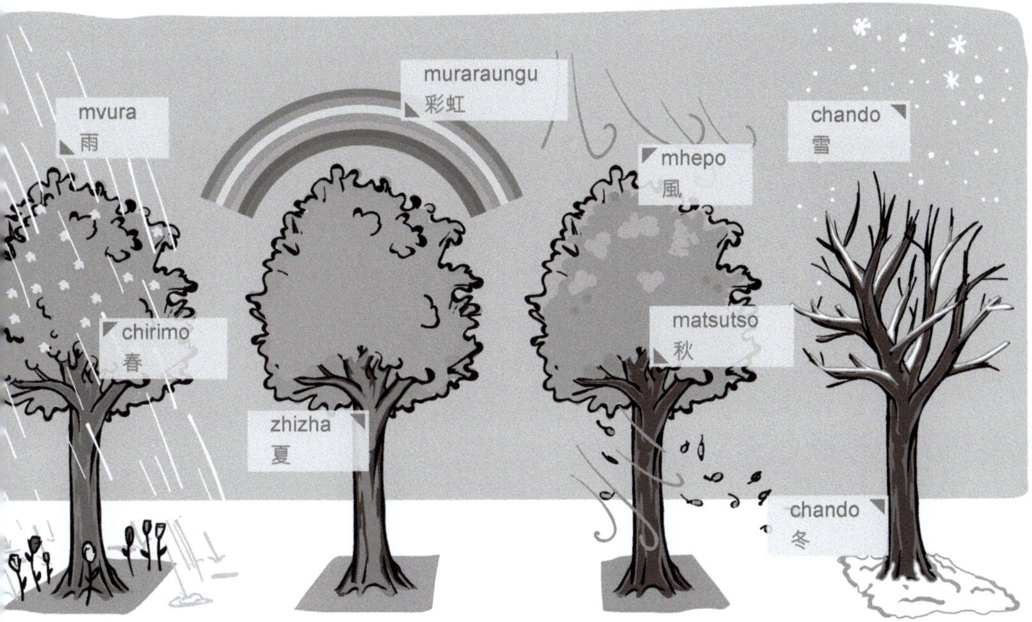

mamiriro ekunze anofungidzirwa
天氣預告

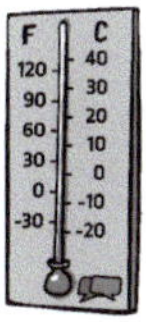

chekutoresa tembiricha
溫度計

zuva
陽光

makore
雲

mhute
霧

hunyoro
潮濕

mheni

閃電

kutinhira

打雷

dutu

風暴

chivhuramabwe

冰雹

mhepo ine mvura

季風

mafashamo

洪水

mazaya echando

冰

Ndira

一月

Kukadzi

二月

Kurume

三月

Kubvumbi

四月

Chivabvu

五月

Chikumi

六月

Chikunguru

七月

Nyamavhuvhu

八月

Gunyana

九月

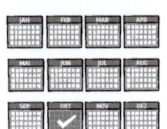

Gumiguru

十月

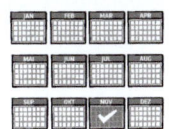

Mbudzi

十一月

Zvita

十二月

mashepu

形狀

denderedzwa

圓形

sikweya

正方形

rectangle

長方形

triangle

三角形

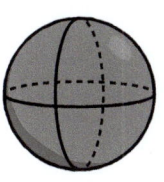

bhora

球體

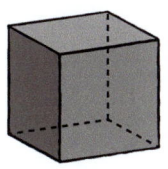

bhokisi

立方體

顏色

chena

白

yero

黃

orenji

橙

pingi

粉

tsvuku

紅

pepuru

紫

bhuruu

藍

girini

綠

kaki

棕

gireyi

灰

nhema

黑

vakawanda / zvishoma

很多/少許

hasha / dzikama

生氣/平靜

naka / shata

美/醜

kutanga / kuguma

首/尾

hombe / diki

大/小

jeka / rima

明/暗

hanzvadzikomana /
hanzvadzisikana

兄弟/姐妹

chena / sviba

乾淨/骯髒

kwana / kusakwana

完整/缺失

masikati / usiku

白天/晚上

yakafa / mhenyu

死/生

pamhamha / tetepa

寬/窄

unodyiwa / haudyiwi

可食用/非食用

utsinye / mutsa

邪惡/善良

kunakidzwa / kufinhwa

興奮/無聊

kobvuka / tetepa

胖/瘦

kutanga / kupedzisira

第一/最後

shamwari / muvengi

朋友/敵人

rakazara / hairina kuzara

滿/空

oma / pfava

硬/軟

rema / reruka

重/輕

nzara / nyota

餓/渴

kurwara / kugwinya

生病/健康

zvisiri pamutemo / zviri
pamutemo

非法/合法

kungwara / kupusa

聰明/愚笨

ruboshwe / rudyi

左/右

pedyo / kure

近/遠

matsva / matsaru

新/舊

hapana / chiripo

沒有/有些

kuru / duku

老/幼

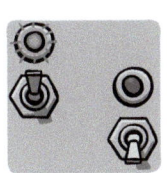

batidza/dzima

開/關

vhurika / vharika

打開/闔上

nyarara / ruzha

安靜/吵鬧

mupfumi / murombo

富/窮

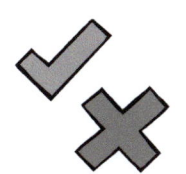

chakanaka / chakaipa

對/錯

kukasharara /
kutsvedzerera

粗糙/光滑

kusuwa / kufara

傷心/高興

pfupi / refu

短/長

nonoka / kurumidza

慢/快

nyoro / oma

濕/乾

dziya / tonhora

溫暖/涼爽

hondo / rugare

戰爭/和平

0

zero

零

1

potsi

一

2

piri

二

3

tatu

三

4

ina

四

5

shanu

五

6

nhanhatu

六

7

nomwe

七

8

sere

八

9

pfumbamwe

九

10

gumi

十

11

gumi neimwe

十一

12

gumi nembiri

十二

13

gumi netatu

十三

14

gumi neina

十四

15

gumi neshanu

十五

16

gumi nenhanhatu

十六

17

gumi nenomwe

十七

18

gumi nesere

十八

19

gumi nepfumbamwe

十九

20

makumi maviri

二十

100

zana

百

1.000

chiuru

千

1.000.000

miriyoni

百萬

Chirungu

英語

Chirungu chekuAmerica

美式英語

Mandarin yekuChina

普通話

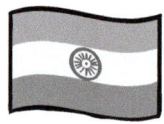

ChiHindi

印地語

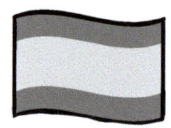

ChiSpanish

西班牙語

ChiFrench

法語

ChiArabic

阿拉伯語

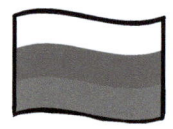

ChiRussian

俄語

ChiPortuguese

葡萄牙語

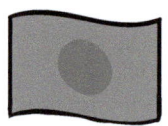

ChiBengali

孟加拉語

ChiGerman

德語

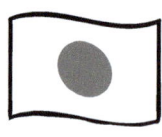

ChiJapanese

日語

ini

我

iwe / imi

你

iye

他/她/它

isu

我們

imi

你們

ivo

他們

ani?

誰?

chii?

什麼?

sei?

如何?

kupi?

何處?

riini?

何時?

zita

名字

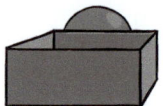

seri

後面

mukati

裡面

pamberi

前面

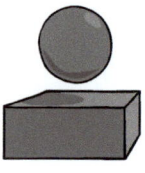

nepamusoro

上方

pamusoro

上面

pasi

下麵

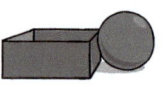

divi

旁邊

pakati

中間

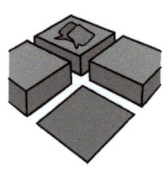

nzvimbo

地點